消えゆく

「スーパー」

列車たち

JN113265

INDEX

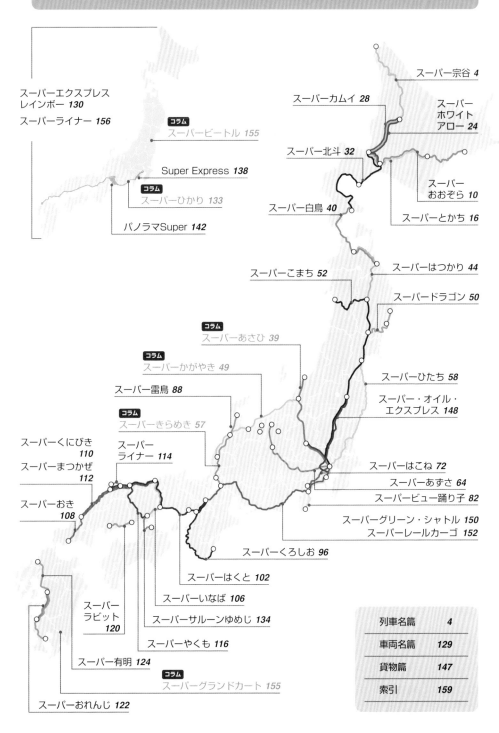

スーパーエクスプレス
レインボー **130**
スーパーライナー **156**

コラム
スーパービートル *155*

Super Express **138**

コラム
スーパーひかり *133*

パノラマSuper **142**

スーパー宗谷 *4*

スーパーカムイ **28**

スーパー
ホワイト
アロー **24**

スーパー北斗 **32**

スーパー
おおぞら *10*

スーパーとかち **16**

スーパー白鳥 **40**

スーパーこまち **52**

スーパーはつかり **44**

スーパードラゴン **50**

コラム
スーパーあさひ *39*

コラム
スーパーかがやき *49*

スーパー雷鳥 **88**

コラム
スーパーきらめき *57*

スーパーひたち **58**

スーパー・オイル・
エクスプレス **148**

スーパーくにびき
110
スーパーまつかぜ
112

スーパー
ライナー **114**

スーパーはこね **72**

スーパーあずさ **64**

スーパービュー踊り子 **82**

スーパーグリーン・シャトル **150**
スーパーレールカーゴ **152**

スーパーおき
108

スーパーくろしお **96**

スーパーはくと **102**

スーパーいなば **106**

スーパー
ラビット
120

スーパーサルーンゆめじ **134**

スーパーやくも **116**

スーパー有明 **124**

コラム
スーパーグランドカート *155*

スーパーおれんじ **122**

列車名篇	*4*
車両名篇	**129**
貨物篇	**147**
索引	**159**

列車名篇

スーパーあずさ ………… 64
スーパー有明 ………… 124
スーパーいなば ……… 106
スーパーおおぞら ……… 10
スーパーおき ………… 108
スーパーおれんじ ……… 122
スーパーカムイ ………… 28
スーパーくにびき ……… 110
スーパーくろしお ……… 96
スーパーこまち ……… 52
スーパー白鳥 ………… 40
スーパー宗谷 ………… 4
スーパーとかち ……… 16
スーパードラゴン ……… 50
スーパーはくと ……… 102
スーパーはこね ……… 72

スーパーはつかり ……… 44
スーパーひたち ……… 58
スーパービュー踊り子 … 82
スーパー北斗 ………… 32
スーパーホワイトアロー … 24
スーパーまつかぜ ……… 112
スーパーやくも ……… 116
スーパー雷鳥 ………… 88
スーパーライナー ……… 114
スーパーラビット ……… 120

コラム
スーパーあさひ ………… 39
スーパーかがやき ……… 49
スーパーきらめき ……… 57

スーパー宗谷

デビュー	2000年3月11日	使用車両	キハ261系（2000年3月11日〜2017年3月3日）
引退	2017年3月3日		
所属	JR北海道		

札幌〜稚内を結ぶ、日本最北端を走る特急列車として2000年3月11日に登場。旭川〜名寄間の高速化工事が完了したこと、カーブ時のスピードが稼げる振り子式のキハ261系を投入したことで、最高速度130km/h、最短到達時間4時間58分という従来よりも約1時間速い運行が可能となった。

当初1日2往復が設定されていたが、2017年3月4日のダイヤ改正時に『スーパー宗谷』1号（下り）4号（上り）が特急『宗谷』へと名称変更。同じく2号（上り）3号（下り）は運転区間を旭川〜稚内に変更し、特急『サロベツ』となり、『スーパー宗谷』の名称は廃止された。

前身となった列車は、札幌〜稚内間を走行した急行『宗谷』、急行『サロベツ』、札幌〜旭川間を走行した急行『礼文』の3つ。このうち『宗谷』の上り、『サロベツ』の下りが『スーパー宗谷』2号3号となり、『礼文』を札幌〜稚内間に変更したものが『スーパー宗谷』1号4号となった。

キハ261系

▲基本は4両編成。1号車はグリーン席と指定席が半々となっているタイプ

▲先頭車側面には、形式を表す261の文字と、振り子式を表す「Tilt」がロゴで入っていた

▶運転台。先頭車の貫通扉の上に位置している

▼1号車の指定席。シートの色はブルーとなっている

▲1号車のグリーン席。後ろにあるドアの向こうは指定席となっている

▲普通車の車内の様子。グリーン車も含めシートのデザイン、床の模様、照明などもデンマーク国鉄との共同デザイン

　キハ261系は、宗谷本線用の特急列車として開発され『スーパー宗谷』でデビューした車両。

　軽量化のため主にステンレスで車両が構成されており、最高速度は130km/h。カーブでの車体傾斜は振り子式ではなく、JR北海道初の空気ばね式を採用。センサーでカーブを感知すると、空気ばねによって車体を傾斜させる仕組みとなっている。

　内装外装とも、デンマーク国鉄との共同デザインとなっている点が特徴。先頭車＋中間車の1両を1ユニットとしており、基本編成はこれを組み合わせた4両。先頭車には貫通扉が装備されている。

特急宗谷をはじめ、スーパー宗谷前後の列車

▲急行『サロベツ』は、急行『宗谷』の３号と４号が名称変更したもの。このうち下りが『スーパー宗谷』となる

▲札幌～稚内をつないだ急行『宗谷』。このうち、上りが
『スーパー宗谷』となる

▲札幌～旭川をつないだ急行『礼文』。稚内まで延長し、スーパー宗谷』となる

▲『スーパー宗谷』とならなかった下りの急行『宗谷』と上りの急行『サロベツ』は、キハ183系による特急『サロベツ』となった

◀▲札幌〜稚内間の夜行急行『利尻』。『スーパー宗谷』登場と同時期に車両をキハ183系へと変更して夜行特急『利尻』となった。一部、『サロベツ』と車両を共用

▼2017年、『スーパー宗谷』は特急『宗谷』へ名称変更。ヘッドマークから「SUPER SOYA」の文字が消えた。特急『サロベツ』は旭川〜稚内間に変更、車両をキハ261系にし、『宗谷』と共通の車両となった

スーパーおおぞら

デビュー	1997年3月22日	使用車両	キハ283系（1997年3月22日〜2020年3月13日）
引退	2020年3月13日		
所属	JR北海道		

札幌〜釧路間を最速3時間35分でつないだ特急列車で、キハ283系のデビューと共に誕生。

同区間は従来、キハ183系による特急『おおぞら』が6往復設定されていたが、このうちの3往復を新造されたキハ283系に置き換え高速化。最高速度が130km/hとなり、45分の時間短縮が図られ『スーパーおおぞら』となった。

『スーパーおおぞら』登場後も、『おおぞら』自体はキハ183系で運行していたが、1998年12月8日に1往復、2001年7月1日に残りの2往復がキハ283系に置き換えられて全編成が『スーパーおおぞら』化。『おおぞら』の名称は廃止された。

その後、JR北海道は「旧型車両との差別化を図る意義が薄れてきた」として特急名称からスーパーを外すことを決定。2020年3月14日のダイヤ改正で、再び特急『おおぞら』となった。

キハ283系

▲基本は6両編成だが、9両編成や11両編成で運行されることもあった

▲先頭車側面。振り子式を表す「FRICO」のロゴ入り。最高速度130km/hで走行していた時期もある

▲ヘッドマーク。タンチョウヅルが躍るようなアニメーションとなっている

　キハ281系をベースに、軽量化・高速化が図られた車両。これは、帯広以東の湿原や海岸地帯など、地盤が弱く、曲線区間が多いエリアを安全に速く走行できる車両として開発されたため。

　キハ281系同様、制御付自然振子機能を搭載しつつ、台車にセルフステアリング機能を組み込んでおり、キハ281系よりもよ

り高速にカーブを走行できるようになっているのが特徴。

　設計上の最高速度は145km/h（営業運転は130km/h）。キハ281系と同様、運転台は貫通扉の上の高い場所に位置している。これはエゾシカなど大型の野生生物との衝突などから、運転台を保護する目的がある。

　正面の愛称表示がLEDなのも特徴の1つ。

◀運転台。先頭車の貫通扉
の上に位置している

▶グリーン車は、1＋2の
シート配置となっており、
ゆったりとしている

▲普通車の車内。指定席、自由席共に2＋2の配置となっ
ている

▲グリーン車には喫煙所、ラウンジスペースなどがあった

▲1980年、特急『おおぞら』にキハ183系が導入。2001年6月30日まで、『スーパーおおぞら』と共に運用されていた

▲1985年に特急列車増発。1986年11月にキハ183系500番代が投入された

◀1991年以降、キハ183系は『スーパーとかち』『オホーツク』に合わせて新色に塗り替えられた。同時期にヘッドマークのデザインも変更

▶1997年、『スーパー北斗』登場に合わせてHETカラーに変更。写真はN183系

▲『おおぞら』は2001年に全て『スーパーおおぞら』化された。その際、札幌～釧路間の夜行特急だった『おおぞら』13号・14号は『まりも』へと名称が変更された

スーパーとかち

　札幌〜帯広を結んでいた183系特急『とかち』に、1991年にダブルデッカーグリーン車を組み込み、ライトグレー地にラベンダと萌黄色のラインを入れた専用のカラーリングを施してイメージアップを図ったものが『スーパーとかち』だ。『とかち』はこの時一度消滅した。

　当初6両編成だった『スーパーとかち』だが、1993年に5両編成へと変更。

　1997年に『とかち』が復活。これはダブルデッカーではなく、普通のグリーン車を組み込んだ編成で、『スーパーとかち』との違いはそこだけだった。

　2000年3月11日のダイヤ改正で、『スーパーとかち』『とかち』として走行していた全てのキハ183系は、『とかち』に統合された。また、新たにキハ283系が投入され、この車両を使う列車が『スーパーとかち』に変更となった。

　さらに2007年10月1日のダイヤ改正で、『とかち』の一部にキハ261系が導入され『スーパーとかち』化。2009年には、全てキハ261系に置き換えられ、再び全てが『スーパーとかち』となり『とかち』は消滅。

　2013年10月31日でキハ283系の運用が終了し、全車がキハ261系に統一された。2020年3月14日、ダイヤ改正により261系っを使った列車が『とかち』に変更。『スーパーとかち』の名称は廃止された。

デビュー	1991年7月27日	使用車両	キハ183系（1991年7月27日〜2000年3月10日）
引退	2020年3月13日		キハ283系（2000年3月11日〜2013年10月31日）
所属	JR北海道		キハ261系（2007年10月1日〜2020年3月13日）

キハ183系

▲基本は６両編成。運転台の下に「SUPER TOKACHI」とロゴが入っているのが特徴的

▲ダブルデッカー車キサロハ182形を連結しているのが特徴。２階がグリーン席、１階が普通席２人用個室となっている

◀高運転台となっており、見晴らしがきく

▲普通車の座席。2＋2の標準的なシート配置となっていた

▲ダブルデッカーの2階がグリーン席。1＋2のシート配置となっていた

▲ダブルデッカーの1階。片側のみにゆったりとしたシートのある個室となっており、ドアで仕切られているのが特徴

　北海道専用車両として開発された車両で、スラントノーズと呼ばれる独特の先頭車形状が特徴。基本は7両編成で国鉄カラーと呼ばれる塗色だったが、JR化前後にカラーリングを変更。また、1990年に特急『とかち』として使用されるキハ183系0番代はグリーン車のない6両編成に変更された。

　『スーパーとかち』用の車両には、これに新たにダブルデッカー車を組み込み6両編成としたもの。新たな塗装が施され、先頭車とダブルデッカー車の側面には『SUPER TOKACHI』のロゴが入り専用列車とされた。

▲2000年に『スーパーとかち』へ導入。『スーパーおおぞら』などに使われた車両と同じタイプのもの

▲キハ261系の運転台。貫通扉の上にあり、広く見通せる

▲キハ261系のグリーン車。1＋2の配置となっている

2000年3月11日より、新たにキハ283系が『スーパーとかち』として導入され、それまでの183系での運用は『とかち』へと変更となった。その後、2007年から順次、キハ261系1000番代が導入されて183系は引退。全て『スーパーとかち』の名称で運行されるようになった。さらに、キハ283系もキハ261系1000番代に置き換えられ、2013年11月以降は、全車両が261系1000番代となった。

▲キハ261系の普通車。それぞれでシートの色は異なるが基本装備は同じ

▲登場時はHET色といわれるブルーのカラーリング。サイドには「Tilt261」のロゴが入っていた

▲2015年12月25日の『スーパーとかち』1号より、新塗装が登場。順次、新塗装に変更されていった

▲1990年9月1日より登場した特急『とかち』。グリーン車のない編成となっていた

▲『スーパーとかち』として運用されていたキハ183系は、2000年3月11日以降、『とかち』に変更。ロゴからもSUPERの文字が消えた

▲183系1550番代の『とかち』。120km/hで走行できる仕様となっている

▲HETカラーとなった『とかち』。2009年9月30日までで定期運行は終了した

スーパーホワイトアロー

1986年に千歳空港〜札幌〜旭川を結ぶ特急列車として『ホワイトアロー』が誕生。同じ区間を特急『ライラック』が走行していたが、『ホワイトアロー』は札幌以外停車しない速達タイプとして3往復が設定された。

『ホワイトアロー』は札幌〜旭川を1時間29分で結んだが、さらなる高速化を図るため、1990年に新型車両785系を投入し『スーパーホワイトアロー』が誕生した。

運転区間は札幌〜旭川で、最高運転速度130km/hで走行。途中、岩見沢、滝川、深川の3駅に停車してなお1時間20分で結ぶ列車となり、6両編成と4両編成の2種類で13往復が設定された。

1998年12月8日のダイヤ改正で、785系で運行されていた一部の『ライラック』を『スーパーホワイトアロー』に変更し15往復に増発。2000年3月11日のダイヤ改正では、一部のダイヤで停車駅を増やして1往復を『ライラック』に変更にするが、翌年7月に再び『ホワイトアロー』に戻すなど、密接かつ複雑な改正が行われている。さらに2002年3月16日の改正では、運転区間を『ライラック』と入れ替えて、快速『エアポート』と直通。新千歳空港〜札幌〜旭川を結んだ。この際、uシートと呼ばれる指定席を搭載した車両を編成に組み込んでいる。

2007年の10月1日のダイヤ改正で『スーパーホワイトアロー』『ライラック』が統合され『スーパーカムイ』に変更。『スーパーホワイトアロー』は消滅することとなった。

デビュー	1990年9月10日	使用車両	785系（1990年9月10日～2007年9月30日）
引退	2007年9月30日		
所属	JR北海道		

785系

▲４両編成の『スーパーホワイトアロー』。2002年のダイヤ改正後は５両編成へと増車された

▲先頭の愛称表示は２色LED。走行中に北海道の地図や列車名が入れ替わりで表示された

▲普通車の車内。ラベンダーブルーのシートだった。後に改装されてアースカラー系となる

『スーパーホワイトアロー』用に開発された車両で、JR北海道の電車型特急として初の130km/h運転を行えた車両。また、多くの改造工事が施された車両でもある。

2001年にフロントガラスの上に着雪防止用ダクトを設けたほか、スカート部分に丸穴をあけている。また窓枠をポリカーボネートで補強。2002年に４両編成と付属２両編成を再編。増車して、５両編成に統一。

2005年からは内外装のリニューアル工事が行われ、主要機器やシートが変更された。

▲781系で運行されていた『ホワイトアロー』。『スーパーホワイトアロー』の誕生で消滅した

▲『スーパーホワイトアロー』が誕生した時期に並走していた『ライラック』。こちらも781系

▲1991年頃から781系の塗色を変更。また1993年頃に客用ドアが2扉に改造されている

▲新千歳空港へアクセスする『ライラック』には、2000年からuシートが搭載された

デビュー	2007年10月1日	使用車両	789系1000番代（2007年10月1日〜2017年3月3日）
引退	2017年3月3日		785系（2007年10月1日〜2017年3月3日）
所属	JR北海道		

　札幌〜旭川を結ぶ特急は、785系を使って130km/h走行する『スーパーホワイトアロー』と、旧式の車両である781系を使う『ライラック』の2種類があった。2007年に、『ライラック』の車両を全て新型の789系1000番代に置き換えることが決定。これにより札幌〜旭川間を両車とも130km/h運転出来るようになったことから、愛称を統一することとなった。

　愛称は公募され、2007年10月1日のダイヤ改正で『スーパーカムイ』が誕生した。

　『スーパーホワイトアロー』時代から、札幌〜新千歳空港間はそのまま直通して快速『エアポート』として運用されていたため、『スーパーカムイ』も同様に直通運転が行われた。そのため789系1000番代には登場時からuシート（普通席よりグレードの高い指定席）が用意されていた。

　2013年11月1日のダイヤ改正以降、JR北海道のすべての特急列車の最高速度が120km/h以下に設定される。メンテナンス体制強化のために、余裕を持った運用にする措置だった。これを受けて、札幌〜旭川間の所要時間は1時間20分から1時間25分に延びた。

　2017年3月7日のダイヤ改正で、前年3月に廃止となった『スーパー白鳥』に使われていた789系0番代を札幌〜旭川間に投入し、785系は定期運行を終了。それを受けて、789系1000番代で運行するダイヤを『カムイ』、789系0番代で運行するダイヤを『ライラック』へと変更。『スーパーカムイ』は消滅することとなった。

789系1000番代

▲5両編成の構成。床下機器はフルカバーされ、0番代よりも耐雪性を向上させている

▲非貫通扉となっているが、運転台は高い位置に設置。愛称表示機はフルカラーLEDとなっている

▲ワンハンドルマスコンの運転台。計器類も少なく、シンプルな構成となっている

『スーパーカムイ』用に製造された車両で、0番代と比べて札幌圏、空港アクセスに向けての改良がされている。

グリーン車はなく、代わりにuシートが装備され、車いす対応スペースやトイレの設置などのバリアフリー化などが図られている。また高気密ドアや、樹脂＆ガラス複層窓で耐寒性を向上させている。

◀4号車はuシートとなっていてシートピッチは
1050mm。全席にコンセントがついている

▶普通車のシートピッチは960mm。785系のグレー
ドアップ工事後のシートと変わらない仕様

785系

▲『スーパーホワイトアロー』に引き続き『スーパーカムイ』として使用された

スーパー北斗

デビュー	1994年3月1日	**使用車両**	キハ281系（1994年3月1日〜2020年3月13日）
引退	2020年3月13日		キハ283系（1998年4月11日〜2013年10月31日）
所属	JR北海道		キハ261系1000番代（2016年3月26日〜2020年3月13日）

　函館〜札幌間を結ぶ特急『北斗』に1994年、新型車両キハ281系を導入して誕生したのが『スーパー北斗』だ。最高速度130km/h運転が可能な車両であったため、函館〜札幌間を最速2時間59分で走行した。

　当初5往復の設定だったが、1998年4月より6往復に増発。同時にキハ281系の発展型として開発されたキハ283系を2往復に導入した。

　ところが2013年10月30日をもって、キハ283系は定期運転を終了することになり、しばらくキハ281系でのみ運行されること

となった。

　2016年3月26日に北海道新幹線の新函館北斗駅が開業すると、『スーパー北斗』はこれに接続するダイヤとなり、同時に新たにキハ261系1000番代が投入された。当初はブルーが基調の車両だったが、順次エクステリアデザインの変更が行われた。

　2018年3月17日のダイヤ改正で、『北斗』に使用されていたキハ183系が引退し全列車が『スーパー北斗』に変更。しかし2020年3月14日のダイヤ改正で『スーパー北斗』の名称は『北斗』に変更され、消滅することとなった。

キハ281系

▲初期は車体側面に「HEAT281 Hokkaido Express Advanced Train」の文字が入っている

◀2002年以降は、車体側面のロゴは振り子式を表す「Frico 281」に変更になった

『スーパー北斗』用に開発された車両で、気動車として日本で初めて130km/hでの運転を可能にした。JR四国が開発した制御付自然振り子式気動車である2000系をベースに開発され、車体を傾斜させることでカーブの多い路線でもあまり速度を落とさずに通過可能となっている。

エポックメイキングな車両であったが、全部で27両しか作られなかった。これは後継となる283系に開発が移されたため。

2006年12月から普通車指定席のグレードアップが行われ、座席幅が約2cm拡大、背もたれが約8cm高くなっている。

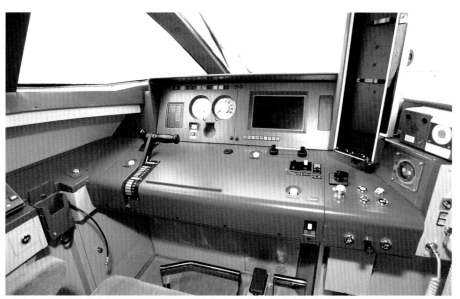

▲運転台はシンプルな左手式のワンハンドルマスコンを採用。貫通扉の上に運転台が置かれた

◀グリーン車は2＋1列の配置。リクライニングシートは、座面が連動して前にせり出すタイプ。ラジオと音楽を聴けるイヤホンが設置されていた

▶普通車は2＋2の配置。足元にはフットレスト。後にシートはグレードアップ改造された

キハ283系

▲キハ281系より改良を加えた車両。セルフステアリング機能という、線路のカーブに合わせて車軸の向きを変えるシステムが搭載され、設計最高速度は145km/hとなっている

▲基本的にキハ281系に似ているが、見た目上の大きな違いは貫通扉横のライトと愛称表示機がLEDになっている点

▲2016年から『スーパー北斗』に投入された車両で最高運転速度は120km/h。車体は789系0番代がベースとなっている

▲2015年12月以降、キハ261系1000番代は順次エクステリアデザインを変更した。また新たに製造される車両は当初から新デザインで製造されるようになった。写真は2020年2月のもの

▲スラントノーズタイプのキハ183系で走行する『北斗』。1991年当時は国鉄色ではなく、このような新塗装色で走行していた

▲貫通扉タイプのキハ183系で、通称NN183と呼ばれる車両。130km/hでの走行が可能。2018年3月まで『北斗』にこの車両が使われていた

スーパーあさひ（通称）

▲改造後の外見上の違いはパンタグラフ。6号車、8号車のパンタグラフが撤去されている

『あさひ』は、上越新幹線のデビューとともに登場した速達タイプで、当初は大宮発後、高崎、長岡のみ停車で新潟着まで1時間45分の列車だった。1985年には上野乗り入れとなり、上野〜新潟を1時間39分で接続（停車は長岡のみ）。

この『あさひ』を下りのみ高速化したものが『スーパーあさひ』と呼ばれた。大清水トンネル内の下り勾配を活用し、上毛高原〜浦佐間で当時日本最速の275km/hで走行した。ただし通常の200系ではなく275km/hで走行できるよう、F90〜F93までの4編成がシステムやブレーキ、パンタグラフ、集電まわりなどに専用の改造を施された。

275km/h運転は1999年12月3日にて終了。『あさひ』の名も、後に登場した長野新幹線『あさま』と混同しがちとの理由で、2002年12月1日のダイヤ改正で『とき』に変更された。

デビュー 1990年3月10日
引退 1999年12月3日

スーパー白鳥

2002年12月1日に東北新幹線が延長し八戸駅が開業。新たに設定された東京～八戸間の速達型東北新幹線『はやて』に接続し、八戸～函館間を結ぶ特急として『白鳥』『スーパー白鳥』が誕生した。

新型車両である789系を投入したのが特急『スーパー白鳥』で、函館～青森間を最速1時間48分、函館～八戸間を最速2時間52分、『はやて』との連絡で東京～函館間を最速5時間58分で結んだ。

当初は5両編成を基本に、多客時には3両が増結されていた。2006年3月18日からは基本編成が6両編成に変更されたほか、2010年には増結用として785系の2両編成も投入されている。

2010年12月4日に、東北新幹線が延長し新青森駅が開業し、『白鳥』『スーパー白鳥』は新青森～函館間に走行区間変更となった。

2016年3月21日で、『白鳥』『スーパー白鳥』ともに運行を終了。これは3月26日に北海道新幹線が開業するため。加えて地上設備切り替え準備があったため、青函トンネルを運行するすべての列車が3月22～25日間は運休した。3月26日のダイヤをもって、『白鳥』『スーパー白鳥』とも廃止された。

デビュー	2002年12月1日	使用車両	789系0番代（2002年12月1日〜2016年3月21日）
引退	2016年3月21日		
所属	JR北海道／JR東日本		

789系0番台

▲基本編成5両＋増結用3両の8編成。多客時はこのように運用されていた

▲先頭車は貫通扉のあるタイプ。愛称表示機は絵幕のものが使われている

▲先頭車横には「HEAT789」のロゴ。「Hokkaido Express Addvanced Train」の略となっている

『スーパー白鳥』用に開発された車両で、車両はステンレス製。青函トンネル内の厳しい環境でも安全に高速走行できるよう設計されており、青函トンネルを最高速度140km/hで走行できる。

先頭車の頭部と客室扉の部分がライトグリーンを中心に塗装されており、それ以外はステンレスの車体が見えている形。

内装外装共に、デザインはデンマーク国鉄との共同製作となっている。

▲運転台は左手式のワンハンドルマスコン。青函トンネル用にATC対応となっている

▲グリーン車。2＋1列が5列（区切られた半室は普通車のため）。全席に電源が装備されている

▲普通車の座席のうち偶数号車のもの。リクライニングシートは赤のモケットを中心とした構成

▲普通車の座席のうち奇数号車のもの。1号車のみ、全席に電源が装備されている

白鳥として走行した車両

▲789系と同時に走行していた485系リニューアル車。6両編成と8両編成が走行していた

スーパーはつかり

　かつて上野〜青森間を結んでいた特急『はつかり』は、東北新幹線開業後に盛岡〜青森間を結ぶ特急に変更。さらに青函トンネルの開通によって、盛岡〜函館間を結ぶ列車となっていた。

　1990年代当時、『はつかり』は東北新幹線と接続する北東北地方の重要な足だった。リニューアルされた485系で運用されていたが一部老朽化も進んでいたため、新型車両が導入されることとなった。

　2000年3月11日、新型車両E751系を投入して高速化したのが『スーパーはつかり』だ。八戸〜青森間を最高速度130km/hで走行し、従来、盛岡〜青森間に最速2時間10分かかったところを1時間58分へと縮めている。14往復あった『はつかり』のうち、7往復が『スーパーはつかり』となった。

　E751系は、当時常磐線に投入されて実績のあったE653系をベースに交流専用車として開発された車両。快適な乗り心地が提供されたが、一方で青函トンネル対応の保安装置を装備していなかったため、函館には乗り入れられず、盛岡〜青森間の運行となっていた。

　2002年12月1日、東北新幹線が八戸まで開業。八戸〜函館間を結ぶ特急『白鳥』『スーパー白鳥』、八戸〜弘前間を結ぶ特急『つがる』が誕生し、『はつかり』『スーパーはつかり』は廃止となった。E751系の車両は、その後『つがる』として使用されている。

デビュー	2000年3月11日	**使用車両**	E751系(2000年3月11日～2002年11月30日)
引退	2002年11月30日		
所属	JR東日本		

E751系

▲車両正面の愛称表示は「Hatsukari」となっていて、Superの文字は見られない

◀『フレッシュひたち』に導入されたE653系をベースにしているため、フォルムがとても似ている

　JR東日本初の交流専用の特急列車。ベースとされたE653系は、そもそも485系の置き換え用として開発されたため交直両用の特急列車だったが、コストパフォーマンスを重視したため、E751系は交流専用の車両として開発されている。見た目上の大きな違いは、ライトの位置と形状で、E653系ではスカート上だったものが、E751系では愛称表示器の上に置かれている。

　先頭非貫通型の6両編成で、内装外装共に明るく暖かいイメージでデザイン。窓上部の黄色は稲穂、車両下部は北東北の秋の紅葉、中央のブルーの帯は青い海をイメージしている。

▲非貫通型だが、衝突などを考慮して運転台は屋根に近い位置に設定。マスコンは左手ワンハンドル

◀グリーン車。コストダウンのため
E3系新幹線のグリーン車をベースに
している。シートピッチは1160mm
の標準的仕様

▶普通車。こちらもコストダウンの
ためE653系の普通車をベースにし
ている。シートピッチは910mmと
なっている

スーパーはつかり登場前後の**はつかり**

▲1993年までは583系も『はつかり』で定期運用されていた。写真は2002年11月30日の臨時特急

▲485系は1996年よりリニューアル改造。『スーパーはつかり』と同時期の車両は、この姿となっている

スーパーかがやき（ヘッドマークのみ）

▲専用に改装された485系を使用。全席普通車の指定席となっていた。車体側面の金字は、SUPERのSを意匠したもの

列車名もダイヤ上も『かがやき』なのだが、なぜがヘッドマークにのみ『スーパーかがやき』と表示がされていた列車。

金沢～長岡間を結んでいた特急列車で、長岡で上越新幹線『あさひ』と接続して、上野～金沢間を最短3時間58分で走行した速達型。当初は4両編成だったが、利便性の高さから利用率は高く、1990年に6両編成化、1991年にはグリーン車も増結された。

1997年に北越急行が開業し、金沢～越後湯沢を結ぶ特急『はくたか』が登場。東京～金沢を3時間50分台で結んだため『かがやき』は姿を消した。だが後に、この名称は北陸新幹線で復活を果たした。

デビュー	1988年3月13日
引退	1997年3月21日

スーパードラゴン

　一ノ関〜釜石間を大船渡線・三陸鉄道南リアス線を通して結んでいた快速列車。

　1992年に大船渡線の愛称を公募した結果、龍のように曲がりくねった路線であることなどから『ドラゴンレール』との愛称がつけられた。これにちなんで命名されている。

　前身となるのは、仙台〜盛間を結んだ準急『むろね』。1960年6月1日から運行され、1966年3月に急行に格上げされたが、1972年に一ノ関〜盛間へと変更。東北新幹線が開業した1982年11月に快速列車に格下げ。1988年には、下りのみ盛から釜石まで延長している。

　1993年3月18日のダイヤ改正で『むろね』から『スーパードラゴン』と名称を変更後、1997年に再び一ノ関〜盛間に区間を変更。2011年の東日本大震災によって大船渡線の路線は大きな被害を受け、4月1日より一ノ関〜気仙沼間での運行に変更されたが、2013年3月のダイヤ改正で廃止された。

デビュー	1993年3月18日	**使用車両**	キハ100系（1993年3月18日～2013年3月15日）
引退	2013年3月15日		
所属	JR東日本		

スーパーこまち

秋田新幹線用の新型車両E6系と共に、2013年3月16日にデビュー。従来、秋田新幹線として運用されていたE3系『こまち』よりも、25km/hスピードアップを果たした300km/hでの走行が可能となり、所要時間も『こまち』より5分短縮された3時間45分で東京〜秋田間を結ぶことなどから『スーパーこまち』と命名された。

当初はE3系『こまち』、E6系『スーパーこまち』の2体制で運用されていたが、順次E6系に置き換わっていき、元々E3系で運用

されていたダイヤではE6系の車両であっても『こまち』として275km/hで運転が行われた（275km/h運転が『こまち』、300km/h運転が『スーパーこまち』と区分された）。

1年後の2004年3月15日。秋田新幹線の全24編成がE6系に統一されたことから、最高速度を320km/hにアップ（宇都宮〜盛岡間のみ）。最速で東京〜秋田間を3時間37分で結べるようになった。この320km/h運転をする列車名を『こまち』に変更し、『スーパーこまち』の名称は廃止された。

デビュー	2013年3月16日	**使用車両** E6系（2013年3月16日〜2014年3月15日）
引退	2014年3月15日	
所属	JR東日本	

E6系

▲『スーパーこまち』は東京～盛岡間はE5系と併結。宇都宮～盛岡間では最高速度300km/hで運転された

◀車両に『スーパーこまち』のロゴはないが、車内案内器のLEDではこのように号車と併せて表示されていた

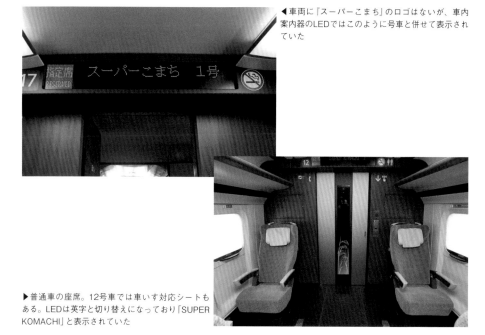

▶普通車の座席。12号車では車いす対応シートもある。LEDは英字と切り替えになっており「SUPER KOMACHI」と表示されていた

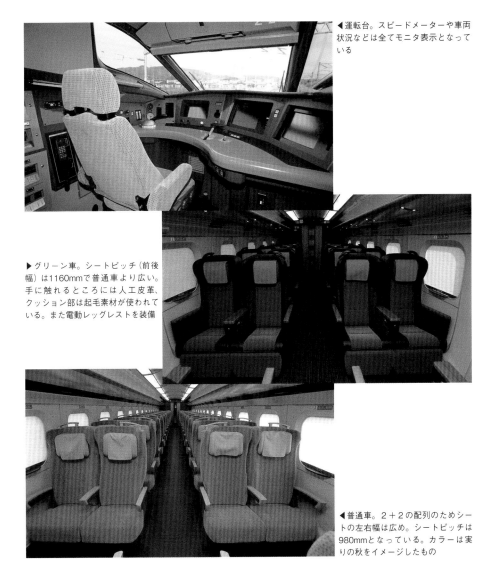

◀運転台。スピードメーターや車両状況などは全てモニタ表示となっている

▶グリーン車。シートピッチ（前後幅）は1160mmで普通車より広い。手に触れるところには人工皮革、クッション部は起毛素材が使われている。また電動レッグレストを装備

◀普通車。2＋2の配列のためシートの左右幅は広め。シートピッチは980mmとなっている。カラーは実りの秋をイメージしたもの

　新幹線規格区間と、在来線規格区間を相互に行き来できる新在直通型車両（ミニ新幹線）。営業運転320km/h走行と、在来線区間での曲線通過性能を両立させる車両として開発された。

　同時期に開発されたE5系と同様に、ロングノーズ型の先頭車形状、低騒音型のパンタグラフなどが採用されている。また、E5系と分割/併合を行うための連結器も装備されている。

　ミニ新幹線のため、車両幅が通常の新幹線より狭くなっており、このため普通車でもシートが2＋2の配列になっている。インテリア、エクステリア共にこだわった作りになっており、新幹線として初めて茜色を採用している。

▲新在直通新幹線車両として、秋田新幹線用に開発されたE3系。1997年3月22日に『こまち』としてデビュー

▲当初5両編成だったが最終的に6両編成に。写真は運用終了が決まり「ありがとう」のステッカーが貼られた『こまち』

スーパーきらめき（ヘッドマークのみ）

▲ヘッドマークにはしっかりと「スーパー」の文字が入っているが、列車名はあくまで『きらめき』

列車名もダイヤ上も『きらめき』なのだが、なぜがヘッドマークにのみ『スーパーきらめき』と表示がされていた列車。

米原～金沢間を結んでいた特急で、当初は4両編成。米原で東海道新幹線と接続して、東京～金沢間を4時間19分で結んでいた。同様の列車に『加越』があったが、485系のグレードアップ車＋全席指定に加え、より速達性の高さということで差別化が図られていた。

だが、東京～金沢間は、上越新幹線＋『きらめき』が便利だったことから利用率は高くなく、1992年には速達運転を終了。1997年3月22日のダイヤ改正で『加越』に統合されて姿を消した。

デビュー	1988年3月13日
引退	1997年3月21日

スーパーひたち

デビュー	1989年3月11日	使用車両	651系（1989年3月11日〜2013年3月15日）
引退	2015年3月13日		E657系（2012年3月17日〜2015年3月13日）
所属	JR東日本		

　常磐線特急用に開発された651系のデビューと共に誕生したのが『スーパーひたち』だ。651系は、JR東日本が初めて製作した特急車両。

　上野〜仙台間を走行する特急『ひたち』には485系が使われていたが、老朽化のために651系で入れ替えていくこととなった。まずは上野〜平・相馬間7往復に投入し、同時に速達タイプとして設定。在来線初の130km/hで走行が行われた。

　1990年3月10日のダイヤ改正で、4往復が仙台に延長。また速達タイプの『ひたち』は全て651系『スーパーひたち』となった。

　1997年10月1日に『ひたち』は485系から順次E653系の『フレッシュひたちに』置き換えられ、翌1998年12月には全ての485系がE653系に置き換えられた。

　2012年3月17日より、『スーパーひたち』にE657系を導入、翌年3月16日までにすべてが置き換えられた。2015年3月14日に『フレッシュひたち』もE657に置き換えが完了、上野〜いわき・仙台間の速達型が『ひたち』、上野〜高萩間のみを走る列車が『ときわ』となり、『スーパーひたち』『フレッシュひたち』の名称は廃止された。

651系

▲基本編成7両＋付属編成4両の構成。写真は常磐線100周年の際のヘッドマーク

▲上野駅停車中のヘッドマーク。出発時刻、号数、行先が入れ替わるように表示されていた

▲運転台は、縦横軸併用ツインレバー型。天井に近い位置に設定されていた

『スーパーひたち』用に開発された車両で、設計最高速度は160km/h。営業運転では最高速度130km/hで走行しており、在来線の特急列車としては651系が初めて達成している。

先頭車の大きなLEDが特徴で、さまざまなパターンを表示できるようになっていた。車内にも特徴があり、普通席グリーン席とも全座席に読書灯が装備されていた。

651系は2002年12月1日以降、『フレッシュひたち』にも導入されていた。

▲普通車の車内。広く大きい窓が特徴で2＋2の座席配置。グリーン車は2＋1配置だった

E657系

▲10両編成のみで運用。カラーリングは白地をベースに紅梅色のラインが窓の下に入る

▲運転台。651系より若干低い位置にあるが、前面の見晴らしが広く設定されている

▲先頭車とグリーン車にはフルアクティブサスペンションが搭載されている

常磐線特急用に開発された車両で、651系とE653系の置き換え用として導入された。651系の正面にあった愛称表示器はなくなっており、側面の行先表示のみとなった。

空気清浄機が設置されていること、WiMAXやUQ Wi-Fiが利用可能な点が特徴的。

2015年3月14日のダイヤ改正で、上野東京ラインに乗り入れることになり、同時に全席が指定席化。このため、各座席の直上部に指定席のステータスを示すランプが改造により取り付けられている。

▲ビジネスユースが意識され、普通車を含め全席にコンセントが設けられている

フレッシュひたち

▲『フレッシュひたち』として導入されたE653系。基本編成7両、付属編成4両で構成されていた

▲カラーリングは5種類。赤、青、緑、黄は基本の7両編成、オレンジは4両編成となっている

▶国鉄初の交直両用特急列車である485系。1972年から『ひたち』に導入された。当初は9両編成だったが1973年に12両編成に

▼非貫通型、高運転台の485系300番代。写真は7両編成

▲1992年ごろからカラーリングが変更され、ひたち色とされたボンネットタイプの485系

◀こちらもひたち色に変更された485系。先頭車はクハ481。1993年12月以降7＋7の14両編成運転をするため、改造された

スーパーあずさ

　新宿～松本間を中心とした中央線特急『あずさ』は、183/189系で運用されていたが、中央東線のカーブの多さから、速度アップができずにいた。中央自動車道を通る高速バスに対抗力を高めるため、新たに開発されたのがE351系だ。

　カーブでの通過速度を向上、また130km/h運転によるスピードアップを果たしている。加えて快適な乗り心地になるよう考慮されている。

　1993年12月3日のダイヤから『あずさ』にE351系を導入。年末年始と土日休を中心に運用された。翌1994年12月に『あずさ』の4往復をE351に置き換え、『スーパーあずさ』が誕生。従来、新宿～松本間最短2時間41分に比べ、約10分速い2時間30分で到達。翌1998年には2時間25分に短縮した。

　2001年12月から『あずさ』運用の183/189系は、新規開発されたE257系へと順次置き換えとなり、『あずさ』はE257系、『スーパーあずさ』はE351系となった。

　2017年、登場から24年が経過しE351系の老朽化が進んだことから、新たに開発されたE353系を投入。同時に『スーパーあずさ』『あずさ』ともに全席指定化が計画されたため、全てE353系へと置き換えることとなった。

　車両が統一されるまでの間は、従来『スーパーあずさ』として運行されていた時刻のみ、『スーパーあずさ』の名前で運行されていたが、車両の置き換えが完了した2019年3月15日のダイヤ改正により、全て『あずさ』へ名称が変更され、『スーパーあずさ』は消失した。

デビュー	1994年12月3日	使用車両	E351系（1994年12月3日〜2018年3月16日）
引退	2019年3月16日		E353系（2017年12月23日〜2019年3月15日）
所属	JR東日本		

E351系

▲基本8両編成＋付属4両編成の12両編成で走行

▲付属編成を連結しなかったときの貫通正面。大糸線は9
両編成までしか入れないため解結が必要となる

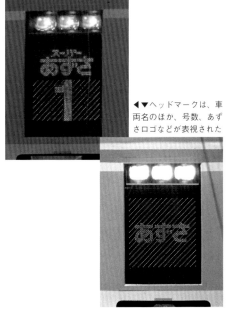

◀▼ヘッドマークは、車
両名のほか、号数、あず
さロゴなどが表視された

◀運転台は高い位置に置かれており、周囲を見渡せるような形となっている

▶4号車がグリーン車となっていた。中央はパーティションで仕切られ、禁煙と喫煙が分けられていた

▼普通車の車内の様子。12両のうち7両は指定席で、3～6号車が自由席となっていた

『あずさ』の高速化を目的として開発された車両で、制御付き自然振り子装置により曲線でのスピードアップが図られた。最高速度は130km/hで、新宿～松本間を最短2時間25分で結んだ。

シングルアームパンタグラフが採用されたことも特徴の1つ。

JR東日本の車両はこれ以降、形式名にEがつくこととなった。

E353系

▲当初は『スーパーあずさ』『あずさ』として運用されたが、約1年後にすべて『あずさ』となった

▲E351系と編成が異なり、基本となる9両編成と、付属の3両編成からなる

▲グリーン車の様子。E351系とは異なり、登場時より全席禁煙となっている

◀普通車の車内の様子。照明はLEDで、全席にコンセントがついている

　E351系の老朽化に伴い、置き換えのため開発された車両。

　空気ばね式車体傾斜システムを導入し、E351系に比べて揺れが少なくなったほか、全車両に動揺防止制御を搭載して快適な乗り心地を実現している。

　客室設備にもこだわっており、室内照明はLEDによる間接照明、空気清浄機の設置、荷物置き場の設置、全席にノートPCを置けるテーブルとコンセントが装備されている。

　また全席指定化に伴って、座席直上にステータスを表すランプが装備されている。

▲当時『あずさ』として運用されていた189系。写真は字幕のもの

▲1987年12月より順次グレードアップ車が投入。セミハイデッカー化したほか、シートをフリーストップリクライニングに変更。塗色も変更された

◀1992年7月21日以降、あずさ色とされたブルー塗色に変更。183/189系は、2001年から徐々にE257系に置き換わった

▶『あさま』として運用された189系が、運用終了後の1997年10月に『あずさ』に転用。こちらもE257に置き換わった

▲183/189系の置き換えとして投入されたE257系。2001年に登場し、2019年まで『あずさ』として走行した

スーパーはこね

　新宿〜箱根湯本を結ぶ小田急電鉄の特急『はこね』。そのうち、途中で小田原にのみ停車する速達タイプが『スーパーはこね』で、新宿〜小田原間を最速59分で走行する。

　現在は、午前中の下りのみに設定されているが、2016年3月26日のダイヤ改正前までは、上りにも『スーパーはこね』があったほか、午後の時間帯にも設定されていた。

　使用車両は特に定められておらず、現役の特急型車両（ロマンスカー）のすべてが『スーパーはこね』として運用されることになっている。2020年現在は平日2本・休日4本となっており、30000形と70000形の運用各1本のみがダイヤ上に明示されているが、それ以外のダイヤではどの車両が入るか決まっていない。

		使用車両	7000形（1996年3月23日～2018年7月10日）
デビュー	1996年3月23日		3100形（1996年3月23日～2000年4月23日）／10000形（1996年3月23日～2012年3月16日）
現状	運行中		20000形（1996年3月23日～2012年3月16日／30000形（1996年3月23日～現在）
所属	小田急電鉄		50000形（2005年3月19日～現在）／60000形（2008年3月15日～現在）
			70000形（2018年3月17日～現在）

7000形

▲『スーパーはこね』の登場当初の塗色。途中、別の色で走ったが、再びこの色に戻された

1980年にロマンスカーとしてデビューした車両で、LSE（Luxury Super Express）の愛称を持っている。

11両編成で、最高運転速度は110km/h。一代前の3100形に引き続いて先頭車は前面展望車となっており、よりシャープな角度になったほか、より広い窓となっている。展望席定員も10名から14名に増やされた。

1996年よりリニューアルが行われ塗装変更されている。2018年7月10日にて定期運行が終了し、同じく10月13日をもって引退となった。

▲リニューアルでHiSEに近いカラーリングに変更されたほか、バリアフリー化に伴う座席やドアの変更が行われている

▲運転台は展望席の直上に位置。ワンハンドルマスコンが小田急では初めて採用された

▲前面展望席。広く大きい窓になっていることもあり、カーテンが装備されている

▲新宿方の普通車。座席はリクライニングシートになっており、シートピッチは960mm

▲小田原方の普通車。シートを自動で一斉転換できる仕組みを日本で初めて採用した

▲独特なカラーリングを施された『ゆめ70』。新宿方先頭車と、箱根方先頭車では赤と青の色配置が逆になっている

◀運転台は展望席の２階に位置している

◀先頭車のパノラマ展望室。曲面ガラスによる広い眺望が特長だった。直上が運転席のため天井は低め

▶先頭車の展望席後方はフリースペースとなっており、ゆったりとしたソファが置かれていた

▶普通車。座席は回転式クロスシートで、リクライニングは装備されてない。シートピッチは970mm

　小田急で初めて前面展望を採用した車両で、1963年にデビュー。NSE（New Super Express）という愛称がつけられている。11両編成で最高速度は110km/h。

　1984年からリニューアル工事が行われたほか、1997年に１編成が小田急開業70周年のイベント列車として『ゆめ70』に改造され

た。『スーパーはこね』には、改造前後ともに運用されている。

　『ゆめ70』以外のNSEは順次、置き換えで廃車となっていった。

　1999年７月16日で、『ゆめ70』以外のNSEは引退。その後、2000年４月23日で『ゆめ70』も引退し、NSEは姿を消している。

▲展望席以外をハイデッカー化したロマンスカーで、愛称はHiSE。小田急60周年に合わせて製造された車両。車内に2か所ビュッフェが設けられていた。1987年12月23日にデビュー、2012年3月16日に引退

◀JR東海と直通運転のため、371系と仕様を合わせて作られたロマンスカー。RSE（Resort Super Express）の愛称が設定されていた。7両編成で、3号車4号車はダブルデッカーとなっており、2階部分はグリーン車相当の「スーパーシート」を装備。1991年3月16日にデビュー、2012年3月16日に引退

▶東京メトロ千代田線との直通運転のため、地下鉄を走れる仕様で開発されたロマンスカーで愛称はMSE（Multi Super Express）。主に北千住発着だが、『スーパーはこね』に投入されることもある。2008年3月15日にデビュー

30000形

▲通勤用特急需要に応える形で投入。従来のロマンスカーより定員を100名近く増やしている

▲運転台。ワンハンドルマスコンとなっており、全体的にシンプルな構成

▲『はこね』となる6両編成側の車内。登場時のシートの色は山をイメージしたグリーン

ビジネス用途も考慮し前面展望のない形で登場したロマンスカーで、愛称はEXE（Excellent Express）。老朽化した3100形の置き換えの目的で開発され、1996年3月23日に『スーパーはこね』と同時にデビュー。

6両＋4両の10両編成となっているのが特徴で、相模大野で箱根方面『はこね』と片瀬江ノ島方面『えのしま』の分割併合を行えるようになっている。

2017年より順次リニューアルが行われ、愛称をEXE αへと変更した。

▲『えのしま』となる4両編成側の車内。登場時のシートの色は海をイメージしたブルー

▲EXE αに改造後。外装はムーンライトシルバーとディープグレイメタリックによる落ち着いた色合いに変更

◀運転台。EXEから一新されている。また右手式だったものが、左手式に変更になった

▶シートは一新され、上部に手掛けがつけられた。またノートPCを置けるサイズのサイドテーブルが装備されている

50000形

▲従来、展望席のあるロマンスカーでは運転台が上に突き出る形だったが、VSEでは天井と同じ高さになるようデザイン

　前面展望を復活させたほか、長さ4mの広い窓を確保しており、どの席からの眺望も楽しめるように作られたロマンスカー。愛称はVSE（Vault Super Express）で、その名の通り、全車両の天井がドーム型になっているのが特徴。

　乗り心地向上のために、ロマンスカーでは唯一、車体傾斜制御システムを搭載している。

◀シートはアンクルチルトリクライニング機構を採用。また座席は窓の方向に5度傾けて設置されている

▶展望席。大きな一枚ガラスが特徴。座席のシートピッチは1150mmと歴代で一番広い

▲ガラスのパーティションで仕切られた4人用のサルーン席も用意されている

70000形

▲ロマンスカーで初めて全席にコンセントが装備されたほか、車内Wi-Fiで前面展望の映像が見られるようになっている

◀展望席は16席を確保。荷棚を設けておらず、より広い空間を感じられるようになっている

▶普通車の様子。座席はシート幅475mmとロマンスカー最大サイズでゆったりとしている

　「箱根に続く時間を優雅に走るロマンスカー」というコンセプトで開発された車両で、愛称はGSE（Graceful Super Express）。

　前面展望の大型ガラスは、VSEよりも30cm高くなっているほか、本体側面のガラスも高さ１mとなっており、全体的に眺望が向上している。

　７両編成となっているが定員は400名を確保。全車フルアクティブサスペンションで快適性を確保している。

スーパービュー踊り子

東京・池袋・新宿〜伊豆急下田間を結ぶ特急『踊り子』に、新たにリゾート用特急車両251系を開発して誕生したのが『スーパービュー踊り子』だ。

ハイデッカー仕様の10両編成で、うち3両が2階建てとなっているほか、屋根まで届く広くて大きい窓など、従来の特急車両の概念を変えるデザインとなっていた。

『踊り子』は1981年の登場当初、183系と185系の車両が使われていたが、1985年に全て185系化。伊豆への観光特急ながら通勤電車的な雰囲気があった。

1988年に伊豆急行の『リゾート21』が臨時で東京まで乗り入れた際に好評を博したため、特急『リゾート踊り子』として定期運用されるようになった。『リゾート21』は窓が広く、海側へ向けたゆったりした座席があるなど観光色の強い列車となっており、これを受ける形で251系が開発された。

2002年より順次リニューアルが施され、濃い色合いのカラーリングに変更された。車内も座面スライドのあるリクライニングシートに変更され、車内に装備されていたテレビやラジオなどが撤去された。

2020年3月14日に『サフィール踊り子』がデビューすることに伴い、3月13日をもって『スーパービュー踊り子』は消えることとなった。

デビュー	1990年4月28日	使用車両	251系（1990年4月28日～2020年3月13日）
引退	2020年3月13日		
所属	JR東日本		

251系

▲登場時のカラーリング。水色を中心に、車両下部に明るいグレーが配色されている

▲リニューアル後。上下の色の配置が逆になり、アイボリー中心のブルーグリーンとなった

▲1号車2階先頭寄りのグリーン席。先頭へ向けて床面が傾斜しており眺望を楽しめるデザイン

▲後方のグリーン席全体。シートピッチは1300mm。座席の部分のみ、床面より高くなっている

▲カスタムユニットと呼ばれた普通車の座席。オーディオパネルが全席に装備されていた

▲1号車1階のサロン室。グリーン席利用者のみが入室できる。ドリンクや軽食も提供されていた

▲ヘッドライトが中央に3列ある珍しいデザイン。1階と2階の中間部分に運転台がある

◀車両には「SUPER VIEW ODORIKO」と入ったエンブレムがつけられていた

『スーパービュー踊り子』用に開発された車両。1号車、2号車、10号車が2階建てとなっているほか、3〜9号車がハイデッカーとなっている。1号車2号車はグリーンユニットとよばれ、全席がグリーン車。パノラマ展望席やサロンや個室などの設備が用意されていた。

3〜8号車はカスタムユニットと呼ばれる普通席。

9〜10号車はグループユニットでこちらも普通席。4人掛けのセミコンパートメントがあるほか10号車先頭は展望席、1階は子供室が設けられていた。

▲10号車1階の子供室。ウレタンのシートやクッションで造られ、子供が動き回っても安心な作り

▲9号車10号車2階はグループユニットと名付けられたセミコンパートメントが並んでいた

▲セミコンパートメントの座席は4人掛け仕様。こちらは普通車と同じ料金で乗れた

▲2号車1階部分にあったグリーン車個室。4人用の座席となっており、テレビが装備されていた

▲『スーパービュー踊り子』の誕生に影響を与えたといわれる『リゾート21』による『リゾート踊り子』

▲1981年に『踊り子』が登場した当時は183系でも運用されていたが、1985年からは185系に統一された

▲1999〜2002年頃に185系は内装を変更し塗色を湘南ブロックに変更した

スーパー雷鳥

大阪〜富山間を結ぶ特急『雷鳥』に、パノラマグリーン車やカフェテリアを装備した485系のグレードアップ車両を投入。停車駅を主要駅に絞って速達化し、大阪〜富山間を3時間23分で結んだのが『スーパー雷鳥』だ。湖西線と北陸トンネルで130km/hの運転を行い、従来の485系『雷鳥』よりも15分短縮した。

当初は7両編成だったが、翌年3月から9両編成化。同時に最短時間を最大5分縮めている。七尾線の電化が行われると、1991年9月1日からは大阪〜富山・和倉温泉間を結ぶ『スーパー雷鳥』も登場。同時に10両編成化している。

1995年4月20日に、専用に開発された681系が投入され『スーパー雷鳥(サンダーバード)』が誕生。JR西日本としては初となる特急型電車だった。

1997年3月22日のダイヤ改正で、『スーパー雷鳥(サンダーバード)』は『サンダーバード』へ名称が変更。2001年3月3日より新たに683系を投入。『スーパー雷鳥』は『サンダーバード』に置き換えられ、消滅することとなった。

		使用車両	485系（1989年3月11日〜2001年3月2日）
デビュー	1989年3月11日		681系（1995年4月20日〜1997年3月21日）
引退	2001年3月2日		
所属	JR西日本		

485系

▲登場時は前面と側面の帯はつながっていた。写真は神戸〜長野間を走る『スーパー雷鳥信越』

▲運転台は、パノラマの先頭部に位置しているため、グリーン席よりも低い位置に設置されている

『スーパー雷鳥』用に改造された485系。白地にブルーとウェンズピンクの帯が特徴。

当初は7両編成だったが、利用率の高さから最終的に10両編成へと増強された。また、大阪〜富山・和倉温泉間を走行する車両に関しては、解結できる7両＋3両の10両編成が導入された。当初は金沢で解結して、和倉温泉編成の7両と、富山編成の3両とに運用を分けるなどしていた。

▲グリーン席。2＋1列でシートピッチは1160mm。眺望のため座席部分が床面よりも高くなっている

▲登場当初は6号車にあったサロン室。窓に向けてソファが配置され、カフェテリアが利用できた

▲登場後早い時期に、パノラマグリーンの先頭車は帯の塗りわけが若干変更された。写真は1990年8月

▲3両で編成されていた付属編成。写真は富山地方鉄道に乗り入れて宇奈月温泉に向かう『スーパー雷鳥宇奈月』

681系

▲6＋3両編成。非貫通型の先頭車は従来にない特徴的なデザインをしていた

▲貫通型の先頭車。解結時に貫通扉が自動で開閉するようになっている

◀運転台。 速度計を見ると、 最高速度が
200km/hまで設定されているのが分かる

▼4号車にはプチカフェテリアスペースがあ
り、販売なども行われていたが現在は撤去さ
れている

▼普通車は2＋2列のリクライニングシート
となっており、シートピッチは970mm

▲グリーン車は2＋1列で、シートピッチは
1160mm。かつては液晶モニタも装備され
ていた

　老朽化した『雷鳥』『スーパー雷鳥』の485
系を置き換えるため開発された車両。大阪
～富山間を最速で走れるよう、設計最高速
度は160km/hとなっている。登場当初は
『ニュー雷鳥』と呼ばれていた。

　485系『スーパー雷鳥』と異なり、先頭車
にはパノラマグリーンはなく、運転台が高
い位置に置かれているグリーン車。当初は
車両中間で分割され、禁煙席と喫煙席に分
かれていた。

　先行量産車は9両編成だったが、量産車
からは基本6両＋付属3両の編成となって
いる。

　最終的に『サンダーバード』には681系と
683系が導入され、現在もその2系列で運
行されている。

▲1964年の特急『雷鳥』誕生以来走行した485系のボンネットタイプ。JR西日本所属の車両

▲JR東日本所属の車両は1988年から順次グレードアップ工事が行われ、同時に塗色が上沼垂色に変更された

▲後に非貫通型の485系も投入された。JR西日本所属の車両は、2008年の『雷鳥』廃止まで国鉄カラーのものが走行していた

▲ボンネット型同様、1988年からグレードアップ工事がされた。外装や内装、塗色変更がされたJR東日本所属の車両

スーパーくろしお

　天王寺～新宮間を結んでいた特急『くろしお』だが、1989年に天王寺駅構内に関西本線と阪和線の連絡線が開通したことから、京都～新宮間を結べるようになり、7月22日のダイヤ改正で『スーパーくろしお』が登場した。最短時間は4時間31分。

　『くろしお』には国鉄カラーの381系が運用されていたが、『スーパーくろしお』にはパノラマグリーン車を先頭車にし、新たなカラーリングを施した6両編成の車両が投入された。

　1991年3月のダイヤ改正で1往復増発されたほか、ほとんどの列車が9両編成で運行されるようになった。また白浜駅で増解結し、白浜～新宮間は6両で運行するようになった。

　1996年7月31日より、紀勢本線用に観光列車を意識して開発された283系を『スーパーくろしお（オーシャンアロー）』として投入。最高速度130km/hでより速い運行が可能となったが、翌年3月8日のダイヤ改正で『オーシャンアロー』に名称が変更された。

　2012年3月17日の改正で、全ての列車が『くろしお』に名称を統一され、『スーパーくろしお』の名前は消滅した。

デビュー	1989年7月22日	使用車両	381系（1989年7月22日～2012年3月16日）
引退	2012年3月16日		283系（1996年7月31日～1997年3月7日）
所属	JR西日本		

381系

▲自動解結装置を備えた先頭車。白浜〜新宮間を6両で走行するために装備された

『スーパーくろしお』用に381系を改造した6両編成。片側の先頭車にはパノラマグリーン車を連結。普通車の座席も大きくリクライニングが取れるものに変わり、塗色も白地にトリコロールレッドとクリームイエローの帯を入れたものに変更。

1991年までに3両の付属編成が完成。京都〜白浜間は9両、白浜〜新宮間は6両で走行できるようになった（白浜〜新宮間は9両に駅が対応できないため）。

1998年〜1999年にかけて、283系と同様のイメージのカラーリングである、オーシャンブルーに塗色を変更。同時に『くろしお』運用の381系も車内リニューアルが行われ塗色がオーシャンブルーになり、パノラマグリーン車以外、両方とも見た目は変わらないものとなった。

2015年10月30日をもって『くろしお』での381系の運用は終了した。

▲パノラマグリーンの先頭車。愛称表示機が2色LEDとなっているのが特徴

◀パノラマグリーンの運転席。
展望用に窓が広くとられている
ほか、室内も広く居住性が高い

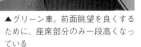

▲グリーン車。前面眺望を良くする
ために、座席部分のみ一段高くなっ
ている

◀普通車。リクライニング角度が大
きく取れるようになったほか、大型
テーブルが座席背面につけられた

▲オーシャンブルーに塗色変更後の『スーパーくろしお』。2012年までこの姿で走った

▲『スーパーくろしお（オーシャンアロー）』として1996年に登場。特別な列車感を創出していた

◀登場から１年後に『オーシャンアロー』に名称変更。現在は『くろしお』として走行中

　どことなくイルカのような見た目を持つ283系は、カーブの多い紀勢本線用に振り子式機構を装備し、最高速度130km/hを出せるように開発された特急車両。

　デビュー時のコピーは「海と太陽が好きな列車」。基本は６両編成で、３両の付属編成がある。

　先頭車はパノラマグリーン車となっており、シートピッチ1160mmの２＋１配列のゆったり仕様。普通車は２＋２でシートピッチは960mm。３号車は展望ラウンジで、海側に向けて座席が配置されている。

▲天王寺～新宮間を走行した『くろしお』は、1989年に新大阪～新宮間に延長。この姿で1999年まで走行

▲『スーパーくろしお』で運用された381系は、2012年3月からは『くろしお』として走行

▶1999年以降、オーシャンブルーカラーになった381系『くろしお』。2015年まで走行した

スーパーはくと

智頭急行のHOT7000系による特急列車で、京都〜鳥取間を結んでいる。最高時速130km/hで運転し、大阪〜鳥取を最短約2時間半で走行する。

鳥取県、岡山県、兵庫県が主体となって設立された第三セクターである智頭急行が敷設・整備した智頭線は、在来線での最高速度を出せるように建設されており、それにより近畿と山陰を最短で結ぶことができている。

1994年の登場時は大阪〜鳥取間の運行だったが、翌年に臨時ダイヤで京都発着が登場。1996年3月16日のダイヤ改正で、京都〜鳥取間が正式なダイヤとなった。

『スーパーはくと』と同時にキハ181系による特急『はくと』も誕生。2列車体制で運行されていたが、『スーパーはくと』用の車両が十分に増備できたことから、1997年11月29日のダイヤ改正で全て『スーパーはくと』となり、181系『はくと』は姿を消した。

デビュー	1994年12月3日	使用車両	HOT7000系（1994年12月3日〜現在）
現状	運行中		
所属	智頭急行		

HOT7000系

▲増結用および予備車両の先頭車は貫通型になっている

▲標準編成仕様の先頭車。流線型で、前面の窓ガラスが大きい展望車仕様となっている

▲増結用の貫通仕様の先頭車。こちら側を先頭にして運用されることもある

▲運転台は２ハンドルマスコン。座席位置よりも若干低い位置にあり、パノラマビューを邪魔しない

▲普通車内は２＋２のシート配列。前後端には先頭車からのライブ映像が流れるモニタが設置されている

▲貫通型先頭車では前面展望がない代わりに、運転室後ろにＳ席と呼ばれるコンパートメント席が設置されている

▲コンパートメント席は通路を隔てて、片側が４人席、片側が２人席の配置となっている

　最高速度130km/hで走行できるハイパワーな気動車で、『スーパーはくと』用に開発された車両。カーブの多い路線でも高速に走行できるように設計されており、制御付き自然振り子式機構を搭載している。

　基本は５両編成だが、増結して６両で走ることも多い。

　当初は全席普通車だったが、1997年11月29日のダイヤ改正時に、半室グリーン車が４号車に投入されている。

　2008年〜2009年にシートやトイレ、内装などのリニューアルが行われたほか、2018年には側面表示機のLEDを２色からフルカラーに変更する工事などが行われている。

はくととして走行した車両

◀キハ181系で運用されていた特急『はくと』。『スーパーはくと』に比べて利用率の低さもあり、HOT7000系の増備と共に廃止となった

スーパーいなば

岡山～鳥取間を約1時間40分で結ぶ特急列車。岡山～上郡間、智頭～鳥取間はJR西日本だが、途中の上郡～智頭間は智頭急行の路線を通る。

従来、岡山～鳥取間は、津山線・因美線を通る急行『砂丘』が結んでいたが、高速化の難しい路線であったことから、所要時間は2時間半ほどかかっていた。1994年に智頭急行が開業し、高速で走行できる線路が提供されたことにより、1997年11月29日に特急『いなば』が登場。岡山～鳥取間を約2時間で結んだ。特急名は、智頭急行線で走る『スーパーはくと』（白兎）とつながるイメージとして『いなば』とされた。

『いなば』はキハ181系で運用されていたが、車両の老朽化に伴いキハ187系500番代へと置き換えらることになった。車両性能の向上により、約20分の時間短縮が行われることなどから、名称を『スーパーいなば』と改められ、現在に至る。

デビュー	2003年10月1日	**使用車両**	キハ187系500番代（2003年10月1日〜現在）
現状	運行中		
所属	JR西日本		

▲『スーパーいなば』の前身となる『いなば』。キハ181系で
運行され、岡山〜鳥取間を最短で1時間58分で結んだ

スーパーおき

米子〜新山口間を約4時間で結ぶ特急列車。同区間を結んでいた特急『おき』をキハ187系に置き換えて高速化したもの。

前身となった特急『おき』は、山陰と山陽新幹線を小郡（現在の新山口）で連絡する列車として1975年3月10日に登場。鳥取・米子〜小郡間を結んだ。当初はキハ80系で運用されていたが、翌1976年にキハ181系に置き換わり、以後25年間キハ181系で運用された。1989年3月から下関まで延長されたが、1997年3月には再び小郡発に戻されている。

鳥取〜小郡間は約6時間半、米子〜小郡間を約4時間50分で結んでいたが、米子〜益田間の高速化工事を行い、車両をキハ187系に変更したことで約4時間で結べるようになったため『スーパーおき』となった。

▲キハ181系で運行されていた特急『おき』。登場当初は6両編成で、以後、4両、3両と変更された

デビュー	2001年7月7日	使用車両	キハ187系（2001年7月7日〜現在）
現状	運行中		
所属	JR西日本		

スーパーくにびき

鳥取～益田間を約3時間40分で結んだ特急列車。同区間を結んでいた特急『くにびき』をキハ187系に置き換えて高速化した列車。

前身となる特急『くにびき』は、JR化後の1988年3月3日に、米子～益田間を結ぶ特急列車として登場。キハ181系の3両編成で運用された。1996年3月16日より鳥取まで延長。鳥取～益田間を約4時間30分で結んでいた。

米子～益田間の高速化工事が完了し、車両をキハ187系に変更したことで、鳥取～益田間を約4時間で結べるようになり、2001年7月7日に『スーパーくにびき』へと名称を変更した。

▲特急『くにびき』。登場から引退まで、変わらずの3両編成。ヘッドマークは後期の絵幕のもの

デビュー	2001年7月7日	**使用車両**	キハ187系（2001年7月7日～2003年9月30日）
引退	2003年9月30日		
所属	JR西日本		

スーパーまつかぜ

　鳥取～益田間を結ぶ特急列車。前身となるのは『スーパーくにびき』。

　鳥取～米子間の高速化工事が完了し、2001年登場の『スーパーくにびき』よりさらなる高速化が図れることとなったため、2003年10月にさらに『スーパーまつかぜ』へと名称を変更した。同時に、増発も行っている。

　『まつかぜ』の名称は、かつて京都～松江間を福知山線経由で結び、その後、博多まで延長された特急列車の名称。1961年当初はキハ80系で運用され、後に食堂車も装備されていたが、1982年にキハ181系へ変更されたのち、1986年11月に特急『北近畿』と入れ替わるようにして名称が廃止されていた。

デビュー	2003年10月1日	**使用車両**	キハ187系（2003年10月1日〜現在）
現状	運行中		
所属	JR西日本		

スーパーライナー

　電鉄出雲市から～松江しんじ湖温泉に向かう特急列車で43分で結んでいる。平日朝7時17分発（2020年現在）で4両編成。主に2100系、5000系が使用されている。

　登場当初は2両編成で、一畑電車の様々な車両で運行されていた。2006年3月13日のダイヤ改正後に4両編成となり、5000系での運用が始まった。その後2013年の9月以降、2100系での運用も行われるようになった。

　2017年4月1日のダイヤ改正時に、布崎、津ノ森、秋鹿町、松江イングリッシュガーデン前と停車駅が増え、所要時間も2分増加した。

デビュー	2004年3月15日	**使用車両**	5000系（2006年3月13日〜現在）
現状	運行中		2100系（2013年4月1日〜現在）
所属	一畑電車		

スーパーやくも

デビュー	1994年12月3日	使用車両	381系（1994年12月3日～2006年3月17日）
引退	2006年3月17日		
所属	JR西日本		

岡山～出雲市間を結んでいた特急『やくも』のうち、速達型に381系グレードアップ車を投入し名称を変更したのが『スーパーやくも』だ。

パノラマグリーン車を先頭車に持ち、紫をベースとしたカラーリングの『スーパーやくも』は当初4往復設定され、岡山～出雲市間を最速2時間45分で結んだ。

1997年以降はパノラマカーの連結されていない6両編成の『スーパーやくも』も登場している。

同時期に走行していた特急『やくも』は国鉄カラーだったが、1998年～1999年にかけてリニューアルされ、グレー地に緑と黄の帯の入ったものに変更された。

2006年3月18日のダイヤ改正で、全列車が『やくも』に変更され、『スーパーやくも』の名称は消えた。『スーパーやくも』『やくも』で使われた車両は、その後リニューアルを施され『ゆったりやくも』の愛称をもつ車両に変更され、現在も特急『やくも』で運用されている。

381系

▲片側の先頭車。貫通型と非貫通型のものがあった。写真はパノラマグリーン車の連結されていないもの

◀パノラマグリーン車の仕様は『スーパーくろしお』と同じ。前面展望のため、座席部分の床が一段高くなっており運転席より目線が高くなっている。車両サイドには「SUPER YAKUMO」の文字が入っている

　『スーパーやくも』用に改造された381系6両編成だが、基本仕様は『スーパーくろしお』と同一で、最高運転速度は120km/hとなっている。
　1994年の登場時は、全てパノラマグリーン車・クロ380のついた6両編成だったが、1997年11月29日のダイヤ改正から投入された車両は、貫通扉のついた先頭車クモハ381になっている車両もあり（このときグリーン車は4号車に設定されていた）パノラマグリーン車のない『スーパーやくも』もあった。

スーパーやくも登場前後のやくも

▲『スーパーやくも』登場時に走行していた国鉄カラーの『やくも』。こちらも6両編成

▲1998年〜1999年にかけて、シートの改良や塗色の変更が行われ「やくも色」と呼ばれるカラーに変更された

◀2007年4月3日より、リニューアル改造された『ゆったりやくも』が登場。シートやトイレ、塗色などが変更されている。特急『やくも』として運用されていた車両も順次リニューアルされた

▶当初は7両編成などもあったが、現在の『やくも』は基本4両編成で、6両、7両、9両で運転する日もある

スーパーラビット

広島～福山間を結んだ快速列車。約103kmの距離をノンストップ約1時間半でつなぐ異例の快速列車で、2往復が設定されていた。

『スーパーラビット』は広島～福山間を結ぶ高速バス『ローズライナー』に対抗するための列車だった。

翌1995年の4月に、東福山まで延長されたほか、三原、尾道にも停車する土日運行の列車に変更された。使用車両は115系だったが、このタイミングで一部に117系の車両も導入された。

2002年3月23日のダイヤ改正で、『スーパーラビット』は廃止とされた。

デビュー	1994年7月21日	使用車両	115系（1994年7月21日〜2002年3月22日）
引退	2002年3月22日		117系（1995年4月20日〜2002年3月22日）
所属	JR西日本		

▲「スーパーラビット」でも使用された117系。写真は快速「サンライナー」のもの

スーパーおれんじ

新八代〜出水間を土休日のみ運行している快速列車。

2008年の登場時は、鹿児島本線を経由して熊本〜出水間を結ぶ列車で、鹿児島線内（熊本〜新八代間）はノンストップで走行していた。翌2009年6月から2012年3月まで、肥薩おれんじ鉄道線内のみ、アテンダントによる観光案内が行われるなど、観光列車の側面を持っていた。

2019年3月10日の運行を最後に、熊本〜新八代間の乗り入れは終了。現在は、新八代〜出水間の運行となっている。

スーパー有明

デビュー	1988年3月13日	使用車両	783系（1988年3月13日〜1990年3月9日）
引退	1990年3月9日		
所属	JR九州		

　1989年3月のダイヤ改正で、博多〜西鹿児島（現在の鹿児島中央）を結んだ特急『有明』に、ハイパーサルーンの愛称を持つ新型車両783系が導入されることとなった。

　そのうち1往復は速達型に設定されており、車両性能を活かして博多〜西鹿児島間を最速4時間5分で結んだ。これが『スーパー有明』となる。名前に「スーパー」のつく旅客列車は、ここが始まりとなった。

　翌年には『スーパー有明』を含め増発が行われる。

　1990年、783系車両が計18往復に設定され博多〜八代間で130km/h走行をするようになり、最速3時間38分で博多〜西鹿児島間を結べるようになった。このとき783系を使った列車は全て『ハイパー有明』に名称変更となり、『スーパー有明』は消えることとなった。

783系

▲『スーパー有明』は7両編成で運用。博多〜熊本間のみの『有明』は3両編成と5両編成だった

▲博多〜水前寺間を走行した『有明』の水前寺乗り入れ。熊本〜水前寺間は非電化区間だったため機関車に牽引されて走行した

◀客室からは運転席を通した前面展望となっており、シート下の床は200mm高く設定されている

▶グリーン車は2＋1のリクライニングシート。シートピッチは1200mmと広い

▶普通車は2＋2の配置でシートピッチは960mm。フットレストが設けられている

　783系はJRグループ初の新型特急車両として登場。特にJR九州は、当時新幹線を持たなかったため、博多～西鹿児島間を結ぶ列車はとても重要な位置にあり、最高速度130km/h運転を念頭に開発されている。車両はステンレス製で軽量化が図られた。

　前面展望型となっているのが大きな特徴で、愛称であるハイパーサルーンもここからきている。また、各車両の中央がデッキとなっており、1両に2部屋という構造になっている。

　『有明』でのデビュー当時、ハイパーレディの名称で専用のアテンダントが乗務していた。

▲『スーパー有明』導入時は、485系で『有明』が運用されていた。かつてはキハ80系や581系の車両も走行していた

▲783系は当初『有明』として運用。のちに『ハイパー有明』となり、1992年に再び『有明』となった

車両名篇

Super Express‥‥‥‥‥‥‥‥‥‥ *138*
スーパーエクスプレスレインボー‥‥ *130*
スーパーサルーンゆめじ‥‥‥‥‥ *134*
パノラマSuper‥‥‥‥‥‥‥‥‥ *142*

コラム
スーパーひかり‥‥‥‥‥‥‥‥‥ *133*

スーパーエクスプレスレインボー

　国鉄時代に製造され、民営化直前にデビューしたイベント用車両。客車7両編成で全車グリーン車。先頭車は全面ガラス展望のパノラマグリーンカー、2号車6号車がグリーンカー、3号車5号車が個室のコンパートメントカー、中央の4号車がイベントカーで構成されていた。

　すべてが動力のない客車で構成されているため、カラーリングを共通にした専用の電気機関車として、EF65 1019（後にEF65 1118に置き換え）とEF81 95が用意されていた。

　民営化後はJR東日本が継承し、イベント用列車として活躍。JR東日本管内を越えて、北海道や九州でも走行していた。

　2000年3月31日で運用を終了。専用機関車はその後も単独で使用されていたが、EF81 95以外は廃車となっている。

デビュー	1987年3月19日	**使用車両**	14系＋12系（1987年3月19日〜2000年3月31日）
引退	2000年3月31日		
所属	JR東日本		

◀専用機関車EF65 1019に牽かれる『スーパーエクスプレスレインボー』。機関車も独特な外装デザインが施された

▶碓氷峠を走行する際は『スーパーエクスプレスレインボー』専用機関車ではなく、碓氷峠対応のEF62、EF63などが使われた

◀『シュプール蔵王』として運行されたこともある。この際はED 78が牽引していた

スーパーひかり（コンセプト名）

▲窓が広く取られていた。このほか、このモックでは内装なども作りこまれていた

▲正面のイメージは、100系のシャークノーズに近く、後の300系と全く異なっている

　1988年当時、東海道新幹線100系に次ぐ、新たな新幹線の検討が進められていた。後に300系として『のぞみ』と共にデビューするが、開発前段階では『スーパーひかり』と呼称されていた。

　その際のコンセプト用のモックアップが、『スーパーひかり』の名で公開され、オレンジカードのデザインなどになっていた。

デビュー	1988年4月10日	使用車両	213系＋211系（1988年4月10日〜2010年3月7日）
引退	2010年3月7日		
所属	JR西日本		

　瀬戸大橋線の全面開業にあわせ、JR西日本が投入した3両編成全車グリーン車のイベント用列車。最高速度120km/h。両先頭車は前面展望型のパノラマ車で、瀬戸大橋からの眺望を考慮に入れている。

　岡山〜高松間を快速『マリンライナー』として走行することもあり、『スーパーサルーンゆめじ』を分割し『マリンライナー』の213系と連結して走行していた。

　運用終了後は、JR西日本内でイベント列車として走行。

　2010年3月7日の「ファイナルラン　さよなら！スーパーサルーンゆめじ号」を最後に引退となった。

▲イベント列車としては３両編成で走行。写真は1989年の品川駅。JR西日本エリアを越えて走行したこともあった

◀ヘッドマーク。おおきく「ゆめじ」と表示され、下には英字で「SUPER SALOON」と入っていた

▲瀬戸大橋線の快速『マリンライナー』として運行した様子。『ゆめじ』は1両は213系、2両が211系で構成されていた

▲座席は窓に向かって90度に回転できる仕様で、瀬戸大橋からの眺望を楽しむことができるようになっていた

Super Express

小田急電鉄のロマンスカーに使われる特急車両の車両名が『Super Express』だ。1957年7月6日に登場した、当時画期的な車両であった3000形がSuper Express、略してSEであった。これを初代として現在までに、NSE、LSE、HiSE、RSE、VSE、MSE、GSEと8代にわたって続いている。

3000形が開発された当時、国鉄も高速鉄道を研究していた。小田急は国鉄の線路上で高速運転試験を行い145km/hという狭軌での世界最高速度を記録。この車両データが国鉄に共有され、のちの新幹線へとつながった技術などもあった。

3000形は新宿〜小田原間を60分で運転することを目標に開発された車両で8両編成。設計上の最高速度は147.5km/hとされていた。かつ車内設備や防音などの乗車環境・周辺環境への配慮がされたものとなっており、Super Expressの名称は体を表したものとなっていた。

以後、ロマンスカーとして投入される列車には、Super Expressの銘が入るが、30000形（EXE）だけはこの銘が使われていない。

デビュー	1957年7月6日	**使用車両**	3000形(1957年7月6日～1992年3月8日)
現状	運行中		3100形(1963年3月16日～2000年4月23日)／7000形(1980年12月27日～2018年7月10日)
所属	小田急電鉄		10000形(1987年12月23日～2012年3月16日)／20000形(1991年3月16日～2012年3月16日)
			50000形(2005年3月19日～現在)／60000形(2008年3月15日～現在)
			70000形(2018年3月17日～現在)

◀初代となる3000形。写真は冷房設備を追加した後のもの

▼3000形は後に全て5両編成に改造されSSE（Short Super Epress）と呼ばれた。写真は5＋5の10両編成

▲1963年に登場した3100形のNSE（New Super Express）。11両編成で前面展望が特徴

▶1980年に登場した7000形のLSE（Luxury Super Express）。2018年まで現役で走行していた

▲1991年に登場した20000形のRSE（Resort Super Express）。JR御殿場線への乗り入れ仕様車

▲1987年に登場した10000形のHiSE（High Super Express）。ハイデッカー仕様が特徴

▲2008年に登場した60000形のMSE（Multi Super Express）。東京メトロ千代田線との乗り入れ用に作られた車両で、地下鉄内で運行できるように先頭車前面に緊急避難用の梯子が設けられている。6両＋4両の10両編成で構成されている

ODAKYU——SUPER EXPRESS 50000
ROMANCECAR VSE

◀▲2005年に登場した50000形のVSE（Vault Super Express）。ゆったりとした座席と広い前面展望が特徴。車両側面に「SUPER EXPRESS 50000」の文字が入っている

ODAKYU　SUPER EXPRESS 70000
ROMANCECAR GSE

▶▲2018年に登場した70000形のGSE（Graceful Super Express）。広いガラス窓でどの席からの眺望もよく、シート幅が広いのが特徴。車両側面に「SUPER EXPRESS 70000」の文字が入っている

パノラマSuper

デビュー	1988年7月8日	使用車両	1000系（1988年7月8日〜2008年12月26日）
現状	運行中		1200系（1991年10月21日〜現在）
所属	名古屋鉄道		1600系（1999年5月10日〜2008年12月26日）

　名古屋鉄道の特急専用車両1000系、1200系、1600系の車両名。

　1988年にハイデッカータイプ＋前面展望が特徴の車両として1000系が登場。車両前面の愛称表示器に『パノラマSuper』の銘が入れられていた。

　1961年に名古屋鉄道に登場した、日本初の展望席＋2階運転台を装備した列車である7000系は『パノラマカー』と呼ばれ、名車と名高い車両だった。これの後継車として登場したのが1000系で、より快適性のある特急列車として開発された。

　後に一部の車両編成を特別車の1000系2両＋一般席車の1200系4両の6両編成へと変更。

　1999年に7000系の置き換え用として1600系が登場。展望車は装備されていないが『パノラマSuper』の愛称がつけられていた。

▲全車特別車仕様の4両編成で登場した1000系。最高運転速度は120km/h

▲運転台。展望席より前にあり、一段下がった場所に設けられていた（全車ハイデッカー）

▲前面展望。客室からは広い前面が見渡せ、運転席は見えない

▲座席の様子。シートは、バケットタイプの回転リクライニングでシートピッチは1000mm

▲客室内にはモニターパネルがあり、速度計やニュースなどが表示された

◀先頭から4両が1200系車両。1000系と連結して120km/h走行できる一般車両として1991年に登場。このほかに増結用の1800系もある（外観の形状は同じ）

▶1000系4両編成を2両に分割し、1200系4両を加えた一部特別車仕様の6両編成で走行した。1000系2両と1200系4両の6両編成の総称も1200系という

▲2015年から1000系を中心に内装などをリニューアル。それに伴って外装も変更された

▲1999年に登場した1600系。正面の行先表示部分に『パノラマSuper』の銘が入っていた

▲展望席はないが、特別車仕様の車両のため、座席はゆったりとしている

▲ワンハンドルマスコンの運転台。貫通式先頭車のため、運転台横は通路となっている

◀2008年12月のダイヤ改正後に一部特別車仕様の6両編成に改造され1700系となり、『パノラマSuper』ではなくなった

▶2015年に外装デザインを変更。2020年現在もこの姿で走行している

貨物篇

スーパー・オイル・エクスプレス‥‥ **148**
スーパーグリーン・シャトル‥‥‥‥ **150**
スーパーレールカーゴ‥‥‥‥‥‥‥ **152**
スーパーライナー‥‥‥‥‥‥‥‥‥ **156**

コラム
スーパーグランドカート‥‥‥‥‥‥ **155**
スーパービートル‥‥‥‥‥‥‥‥‥ **155**

スーパー・オイル・エクスプレス

デビュー	2007年3月19日	**使用車両**	タキ1000形（2007年3月19日〜現在）
現状	運行中		
所属	JR貨物/日本オイルターミナル		

　ガソリン専用のタンク車・タキ1000形のみで編成された貨物列車のうち、日本オイルターミナル所有のタンク車のみ、かつ最高速度95km/hで運行できる「高速貨物種別B」の編成のみが、『スーパー・オイル・エクスプレス』と呼ばれる。

　タキ1000形は、従来75km/hまでの走行しか行えなかったタンク車の高速化を図って作られたもので、最高速度95km/hまでの運用が可能。容量も45 t（ガソリン換算で約61kL）まで積載できるようになっている。

▲タンクの左上についている丸にJのマークがついているタキ1000形が、日本オイルターミナル所属の印となっている

スーパーグリーン・シャトル

▲スーパーグリーン・シャトル用の31フィート・ウィングコンテナ。サイドがウィング状に跳ね上がるようになっている

デビュー	2006年3月20日	使用車両	U48Aコンテナ（2006年3月20日〜現在）
現状	運行中		
所属	JR貨物/日本通運/全国通運		

東京〜大阪間をノンストップ約7時間で結ぶ、特急コンテナ列車。月〜金に毎日走行しており、東京貨物ターミナル21:52発→安治川口5:10着、安治川口22:59発→6:30着と深夜〜早朝にかけて走行している。JR貨物による愛称は『みどり』号。

全国通運連盟を代表に、JR貨物、日本通運、全国通運が事業を行っており、特定の荷主による運行ではなく、共同運用システムによってさまざまな荷主がこの列車を活用できることが特徴。また、鉄道用に荷揃えをする必要がなく、トラック輸送のシステムのまま活用できることがポイント。

これを実現するために使われているのが、31フィート・ウィングコンテナ。10トントラックの荷台とほぼ同じ大きさのボディを持ち、両側面が大型トラックと同じウィング仕様になっている。荷物の出し入れの容易さに加え、コンテナ自体をトラックから列車にスムーズに置き換えられるため、手間も非常に少なくなっている。コンテナ側面には「Super Green Shutttle Liner」のロゴが入っている。

モーダルシフトによるCO2削減効果、鉄道コンテナ輸送の運用法の改善などから、国土交通大臣表彰を受けている。

スーパーレールカーゴ

JR貨物と佐川急便がモーダルシフトのために共同開発した世界初の特急コンテナ列車。

16両編成の中にモーターを装備した電動車が4両組み込まれており、東京〜大阪間を6時間12分で結ぶ。また、トラックと同じ運用ができる専用の31フィートコンテナU54A形を開発。これを最大28個積載(10トントラック28台相当)したうえで、最高速度130km/hで運搬できる性能を持っている。

東京貨物ターミナル23:14発→安治川口5:26着、安治川口23:09発→5:20着と上下それぞれ各1本が深夜〜早朝にかけて走行しており、佐川急便の東京〜大阪間流通を支えている列車だ。

デビュー	2004年3月13日	使用車両	M250系（2004年3月13日〜現在）
現状	運行中		
所属	JR貨物／佐川急便		

▲コンテナを積載していない状態のM250系。コンテナは電動車に1個、付随車に2個積載できるようになっている

▲2010年以降、ヘッドマークのデザインが変更されたうえに、ステッカータイプとなった

▲2003年の試運転時の様子。この時はまだ、ヘッドマークは掲げられていなかった

◀M250の運転台。ワンハンドルマスコンとなっているほか、車両の状態を監視するモニタ装置がある

スーパービートル（操重車愛称）

写真：毎日新聞社／アフロ

▲クレーンを搭載した保守車両（操重車）GS-80の愛称が『スーパービートル』で、2001年に導入。アーム長は最大25mで、最大64tまで吊り上げることができる。線路や橋梁の架け替え工事などに活躍した。前面と側面にカブト虫のキャラクターが描かれていた。現在は廃車となっている

スーパーグランドカート

写真：高千穂あまてらす鉄道

▲宮崎県の高千穂鉄道高千穂線が廃止になった後、同路線の設備を引き継いだ高千穂あまてらす鉄道が運行している観光用のトロッコ列車。高千穂駅から2.5kmの場所にある、日本一の高さを誇る鉄道橋・高千穂鉄橋を渡ることができ、床面のガラスから高さ105mの峡谷を見下ろすことができる

スーパーライナー

高速貨物列車のうち、最高速度100km/hあるいは110km/hで運転できる貨車で組まれた編成が『スーパーライナー』と呼ばれていた。高速貨物に対応した貨車であることと、それを牽引できる機関車であることが必要条件となっていた。

1986年にEF66＋コキ50000形の高速改造貨車コキ50000形250000番代によって、100km/hでの運転による『スーパーライナー』が登場。後に110km/h対応のコキ50000形350000番代も登場した。

国鉄民営化によってJR貨物となった直後から、一時期までは専用のヘッドマークを掲げて運転されていた。

デビュー	1986年11月1日	使用車両	コキ50000形250000番代
現状	列車名不設定		コキ50000形350000番代
所属	JR貨物		コキ100系

▲EF66によって牽引される『スーパーライナー』。この他にEF81などの機関車も使われた

▲民営化直後からしばらくの間、機関車に掲げられていた
ヘッドマーク

▲EF66の運転台。従来よりも高い位置に置かれ、コント
ローラも電車に近い操作性とされている

列車名/車両名

A-Z

EXE	78,79,80,138
EXEα	78,79
GSE	81,138,141
HiSE	77,138,140
LSE	74,75,138,140
MSE	77,138,141
NSE	76,138,140
RSE	77,138,140
SSE	140
Super Express	138
VSE	80,138,141

五十音

あさひ	39,49
あさま	39,71
あずさ	64,67,69,70,71
有明	124,126,127,128
有明水前寺	126
いなば	106,107
エアポート	24,29
えのしま	78
オーシャンアロー	96,100
おおぞら	11,14,15
おき	108
踊り子	82,87
オホーツク	15
加越	57
かがやき	49
北近畿	112
カムイ	29
きらめき	57
くにびき	110
くろしお	96,98,100,101
こまち	52,56
サフィール踊り子	82
サロベツ	5,8,9
サンダーバード	88,93
シュプール蔵王	132
スーパーあさひ	39
スーパーあずさ	64,68
スーパー有明	124,126,128
スーパーいなば	106,107
スーパーエクスプレスレインボー	130,132
スーパー・オイル・エクスプレス	148,149
スーパーおおぞら	10,11,14,15,20
スーパーおき	108
スーパーおれんじ	122
スーパーかがやき	49
スーパーカムイ	24,28,29,30,31
スーパーきらめき	57
スーパーくにびき	110,112
スーパーグランドカート	155
スーパーグリーン・シャトル	150,151
スーパーくろしお	96,98,101,118
スーパーくろしお（オーシャンアロー）	96,100
スーパーこまち	52,54
スーパーサルーンゆめじ	134,135
スーパー宗谷	4,5,7,9
スーパーとかち	15,16,20,21,22
スーパードラゴン	50
スーパー白鳥	29,40,42
スーパーはくと	102,105
スーパーはこね	72,76,77
スーパーはつかり	44,48
スーパービートル	155
スーパーひかり	133
スーパーひたち	58,59,60
スーパービュー踊り子	82,85,86
スーパー北斗	15,32,37
スーパーホワイトアロー	24,26,27,29,31
スーパーまつかぜ	112
スーパーやくも	117,118,119
スーパー雷鳥	88,90,93
スーパー雷鳥宇奈月	91
スーパー雷鳥（サンダーバード）	88
スーパー雷鳥信越	90
スーパーライナー（一畑電車）	114
スーパーライナー（JR貨物）	156
スーパーラビット	120
スーパーレールカーゴ	152
宗谷	5,8,9
とかち	16,20,22,23
ときわ	59
のぞみ	133
ハイパー有明	125,128
はくたか	49
白鳥	40,43
はくと	102
はこね	72,78
はつかり	44,48
パノラマカー	143
パノラマSuper	142,143,146
はやて	40
ひたち	59
フレッシュひたち	46,59,60,62
北斗	33,34,38
ホワイトアロー	24,27
まつかぜ	112
まりも	15
マリンライナー	135,137
みどり号	151
むろね	50
やくも	117,119
ゆったりやくも	119
ゆめ70	76
雷鳥	88,93,94,95
ライラック	24,27,29
利尻	9
リゾート踊り子	82,86
リゾート21	82,86
礼文	5,8
ロマンスカー	72,77,78,80,81,138

車両形式

在来線

12系	131
14系	131
115系	121
117系	121
183系	64,71,87
185系	82,87
189系	64,70,71
2000系（JR四国）	34
211系	135,137
213系	135,137
251系	82,84
283系	100
371系	77
381系	98,117,118
485系	43,46,48,49,57,59,63,88,90,93,94,95,128
485系300番代	63
581系	128
583系	48
651系	59,60,61
681系	88,92,93
683系	88,93
781系	27,29

783系	125,127,128
785系	24,29,31,40
789系0番代	29,37,40,43
789系1000番代	29,30
E257系	64,71
E351系	64,66,68,69
E353系	64,68
E653系	44,46,47,59,61,62
E657系	59,61
E751系	44,46
ED78	132
EF62	132
EF63	132
EF65	130,132
EF66	156,158
EF81	130
N183系	15
NN183系	38
キサロハ182形	18
キハ80系	108,128
キハ100系	50
キハ181系	102,105,106,107,108,112
キハ183系	8,9,11,14,15,16,18,22,33,38,82
キハ183系0番代	16,19
キハ183系1550番代	23
キハ183系200番代	16
キハ183系500番代	14
キハ187系	106,110
キハ187系500番代	106
キハ261系	16,20
キハ261系1000番代	20,21,33,37
キハ281系	12,33,34,36
キハ283系	11,12,16,20,34,36

新幹線

100系	133
200系	39
300系	133
E3系	47,52,56
E5系	54
E6系	52

私鉄

1000系（名鉄）	143,144,145
1200系（名鉄）	143,145
1600系（名鉄）	143,146
1700系（名鉄）	146
2100系（一畑）	114
3000形（小田急）	138,140
3100形（小田急）	74,76,78,140
7000系（名鉄）	143
7000形（小田急）	74,140
10000形（小田急）	77,140
20000形（小田急）	77,140
30000形（小田急）	72,78,138
50000形（小田急）	80,141
5000系（一畑）	114
60000形（小田急）	77,141
70000形（小田急）	72,81,141
HOT7000系（智頭急）	102,104,105
HSOR-100形（肥薩）	123

貨物

31フィート・ウィングコンテナ	150,151
M250系	153,154
U48A形	151
U54A形	152
コキ50000系	156
コキ50000形250000番代	156
コキ50000形350000番代	156
タキ1000形	151

本書は、JR/私鉄各社の列車名、車両名に「スーパー」がつけられたものを集めたものです。
新幹線は、種別としてSuper Expressと訳されますが、本書では収録しておりません。
また、「超特急」(Super Express) も本書では収録しておりません。

消えゆく「スーパー」列車たち

2020年6月25日　初版第1刷発行

著　　　レイルウエイズグラフィック

発行者　長瀬 聡
発行所　グラフィック社
　　　　〒102-0073
　　　　東京都千代田区九段北1-14-17
　　　　tel.03-3263-4318(代表)　03-3263-4579(編集)
　　　　fax.03-3263-5297
　　　　郵便振替　00130-6-114345
　　　　http://www.graphicsha.co.jp/

印刷・製本　図書印刷株式会社

アートディレクション　小宮山裕

企画・編集　坂本 章
編集協力　　大久保真

参考文献
『国鉄・JR列車名大事典』(中央書院)
『列車名変遷大事典』(ネコ・パブリッシング)
『鉄道ファン』各号(交友社)
『鉄道ピクトリアル』各号(電気車研究会)
『JR電車編成表』(交通新聞社)
『JR気動車客車編成表』(交通新聞社)
『私鉄車両編成表』(交通新聞社)
『貨物鉄道百三十年史』(日本貨物鉄道)
『JR時刻表』(交通新聞社)
『貨物時刻表』(鉄道貨物協会)

ISBN978-4-7661-3445-2 C0065
Printed in Japan